Antropologia da criança

Coleção **PASSO-A-PASSO**

CIÊNCIAS SOCIAIS PASSO-A-PASSO
Direção: Celso Castro

FILOSOFIA PASSO-A-PASSO
Direção: Denis L. Rosenfield

PSICANÁLISE PASSO-A-PASSO
Direção: Marco Antonio Coutinho Jorge

Ver lista de títulos no final do volume

Clarice Cohn

Antropologia da criança

3ª reimpressão

ZAHAR

Jorge Zahar Editor Ltda.
rua Marquês de S. Vicente 99 – 1º
22451-041 Rio de Janeiro, RJ
tel (21) 2529-4750 / fax (21) 2529-4787
editora@zahar.com.br
www.zahar.com.br

3ª reimpressão: 2013

Composição eletrônica: TopTextos Edições Gráficas Ltda.

Capa: Sérgio Campante

CIP-Brasil. Catalogação-na-fonte
Sindicato Nacional dos Editores de Livros, RJ

Cohn, Clarice, 1971-
C629a Antropologia da criança / Clarice Cohn. — Rio de Janeiro: Zahar, 2005.
(Ciências sociais passo-a-passo)

Inclui bibliografia
ISBN 978-85-7110-855-4

1. Crianças — Condições sociais. 2. Antropologia educacional. I. Título. II. Série.

09-6494
CDD: 305.23
CDU: 316.346.32-053.2

Sumário

Introdução

O que é a criança? O que é ser criança? Como vivem e pensam as crianças? O que significa a infância? Quando ela acaba?

Perguntas nada simples de responder. Pelo contrário, elas podem esconder uma armadilha. Afinal, as crianças estão em toda parte, todos fomos crianças um dia, todos temos, desejamos ou não desejamos ter crianças. A literatura nos oferece textos de autores famosos que nos contam sua infância, poetas românticos falam com nostalgia de seu tempo de criança. É como se tudo já fosse sabido, como se não houvesse espaço para dúvidas.

Mas não é bem assim. Mesmo se fôssemos recolher todas essas informações sobre a infância e as crianças, veríamos que um punhado de idéias diferentes se apresentam. A criança pode ser a tábula rasa a ser instruída e formada moralmente, ou o lugar do paraíso perdido, quando somos plenamente o que jamais seremos de novo. Ela pode ser a inocência (e por isso a nostalgia de um tempo que já passou) ou um demoniozinho a ser domesticado (quantas vezes não ouvimos dizer que "as crianças são cruéis"?). Seja como for, em todas essas idéias o que transparece é uma *imagem em negativo* da criança: quando falamos assim, estamos usando-a como um contraponto para falar de outras coisas, como a vida em sociedade ou as responsabilidades da idade adulta. E, pior, com isso afirmamos uma cisão, uma grande divisão entre o mundo adulto e o das crianças.

Portanto, se quisermos realmente responder àquelas questões, precisamos nos desvencilhar das imagens preconcebidas e abordar esse universo e essa realidade tentando entender o que há neles, e não o que esperamos que nos ofereçam. Precisamos nos fazer capazes de entender a criança e seu mundo a partir do seu próprio ponto de vista. E é por isso que uma antropologia da criança é importante. Ela não é a única disciplina científica que elege esse objeto de estudo: a psicologia, a psicanálise e a pedagogia têm lidado com essas questões há muito tempo. Mas é aquela que, desde seu nascimento, se dedica a entender o ponto de vista daqueles sobre quem e com quem fala, seus objetos de estudo.

A antropologia se firma como um ramo do conhecimento em fins do século XIX e começo do XX, como a ciência social responsável pelo estudo de outras sociedades e culturas. Ao longo do século, essa sua definição é cada vez menos precisa, e antropólogos passam a se interessar (também) pelo estudo de nossa própria sociedade. Sem deixar de estudar outros modos de viver em sociedade, cada vez mais se dedicam a fenômenos sociais que nos são próximos. Hoje, portanto, uma antropologia da criança pode ser desde aquela que analisa o que significa ser criança em outras culturas e sociedades até aquela que fala das que vivem em um grande centro urbano. Se a antropologia ampliou assim seus horizontes de estudo, não deixou de se definir como uma ciência social com certas particularidades.

Fazer antropologia é tentar entender um fenômeno em seu contexto social e cultural. É tentar entendê-lo em seus próprios termos. Desde cedo, os antropólogos têm insistido na necessidade de abordar as culturas e as sociedades como sistemas, o que significa dizer que qualquer evento, fenômeno ou categoria simbólica e social a ser estudado deve ser compreendido por seu valor no interior do sistema, no contexto simbólico e social em que é gerado. Por isso, não podemos falar de crianças de um povo indígena sem entender como esse povo pensa o que é ser criança e sem entender o lugar que elas ocupam naquela sociedade — e o mesmo vale para as crianças nas escolas de uma metrópole. E aí está a grande contribuição que a antropologia pode dar aos estudos das crianças: a de fornecer um modelo analítico que permite entendê-las por si mesmas; a de permitir escapar daquela imagem em negativo, pela qual falamos menos das crianças e mais de outras coisas, como a corrupção do homem pela sociedade ou o valor da vida em sociedade.

A antropologia oferece ainda outra coisa: uma metodologia de coleta de dados. Atualmente, diversos estudiosos das crianças têm utilizado o método da antropologia, especialmente aquele conhecido como etnografia, entendendo ser esse o melhor meio de entendê-las em seus próprios termos porque permite uma observação direta, delas e de seus afazeres, e uma compreensão de seu ponto de vista sobre o mundo em que se inserem.

A etnografia, para falar muito brevemente, é um método em que o pesquisador participa ativamente da vida e do mundo social que estuda, compartilhando seus vários momentos, o que ficou conhecido como *observação participante*. Ele também ouve o que as pessoas que vivem nesse mundo têm a dizer sobre ele, preocupando-se em entender o que ficou conhecido como o *ponto de vista do nativo*, ou seja, o modo como as pessoas que vivem nesse universo social o entendem. Portanto, usando-se da etnografia, um estudioso das crianças pode observar diretamente o que elas fazem e ouvir delas o que têm a dizer sobre o mundo.

Mas estudar as crianças tem sido um desafio para a antropologia. As razões são muitas, e a principal parece ser justamente a dificuldade em reconhecer na criança um objeto legítimo de estudo. Afinal, em várias esferas, que vão do senso comum às abordagens do desenvolvimento infantil, pensa-se nelas como seres incompletos a serem formados e socializados. Por diversas vezes foram propostas abordagens antropológicas das crianças. No entanto, os esforços pareciam morrer e se fechar em si mesmos, e elas foram por longos períodos abandonadas pelos estudos antropológicos. Até que, nas últimas décadas, acontece uma reviravolta, e elas ganham espaço e legitimidade em uma variedade de estudos.

Essa mudança diz respeito aos conceitos e pressupostos da própria antropologia como disciplina. É como se a antropologia, revendo-se, tornasse possível a abordagem deste universo em seus próprios termos. Desde a década de 1960, conceitos fundamentais da antropologia, como cultura e sociedade ou estrutura e agência, são revistos e reformulados. Além disso, algo que não é menos importante: começou-se a perceber na criança um *sujeito social*. A partir dessa reformulação, que apresentaremos a seguir, novos estudos vêm sendo propostos e realizados, e com eles novas descobertas sobre o mundo das crianças têm surgido. Este livro traz um mapeamento das várias abordagens antropológicas sobre o tema, além de uma discussão sobre os limites e as possibilidades de uma antropologia da criança.

Estudos pioneiros em antropologia

Os estudos mais famosos na antropologia que têm as crianças como foco principal são, ainda hoje, os realizados nas décadas de 1920 e 30 por antropólogos norte-americanos ligados à Escola de Cultura e Personalidade, especialmente os de Margaret Mead. Esses antropólogos, formados na escola culturalista fundada por Franz Boas, preocupavam-se em entender o que significa ser criança e adolescente em outras realidades socioculturais, tomando freqüentemente a sociedade norte-americana da época como um contraponto. Definindo a cultura como aquilo que é transmitido entre as gerações e aprendido pelos membros da sociedade, esses antropólogos se vêem com a questão de delimitar o que é propriamente cultural, e portanto particular, e o que é natural, e portanto universal, no comportamento humano. Essas são as bases de um debate famoso, o que diferencia *nature* e *nurture*, ou o que é inato e o que é adquirido.

É com essas questões que Mead, psicóloga e antropóloga em sua formação, parte para fazer um estudo da adolescência em Samoa, nas ilhas norte-americanas do Pacífico. Tendo sido encaminhada por seu professor Franz Boas para verificar se os dilemas e a rebeldia vividos pelos adolescentes norte-americanos eram uma faceta universal desse momento do ciclo de vida, Mead analisa as condições e a experiência da adolescência em Samoa e conclui que os conflitos e as rebeldias juvenis americanas são dados culturais, não explicáveis por uma condição biológica. Para ela, a própria idéia de adolescência não é universalizável, e deve ser definida em contexto. Além disso, demonstra que, em Samoa, esse é um período de liberdade e que, vivendo em uma cultura homogênea, as meninas precisam fazer menos escolhas, e por isso vivem menos conflitos.

O livro em que publica seus achados, em 1928 — *Coming of Age in Samoa* (ou, em uma tradução livre, "Virando adulto em Samoa") —, torna-se um *best-seller*, o que ela explica pelo fato de ter sido escrito "em inglês", ou seja, sem grandes tecnicismos e debates especializados. No entanto, recebe, décadas depois, uma dura crítica de seus pares, quando outro antropólogo, Derek Freeman, vai às ilhas e não reconhece no que vê o que havia lido nos trabalhos de Mead. Sua crítica pode ser resumida em dois pontos: o primeiro, de que ela estaria tão ofuscada pela vontade de demonstrar a particularidade cultural da adolescência e o contraste com os Estados Unidos que teria exagerado na liberdade e liberalidade das adolescentes de Samoa; o segundo é metodológico, e afirma que ela não teria passado tempo suficiente em Samoa e entre os adolescentes, e, pior, teria levado suas informantes a dizer o que ela tanto queria ouvir. Sua crítica lhe dá notoriedade, e inicia uma polêmica, pela qual se afirma que ele exagerou em suas considerações.

Justiça seja feita: antes mesmo de sequer saber que receberia essas críticas, Mead foi refinando seus métodos de coleta de dados, em trabalhos sobre as crianças manu e balinesas. Entre os Manu da Nova Guiné, Mead estudou as crianças e o modo como vão aprendendo as competências necessárias para a vida adulta. Em seu livro *Growing up in New Guinea*, ou "Crescendo na Nova Guiné", ela demonstra uma fina capacidade de observar e descrever as crianças manu.

Em Bali, em companhia de seu marido, o antropólogo britânico Gregory Bateson, elabora um método fotográfico de análise do cotidiano das crianças e de suas interações. Enquanto ela tomava notas, Bateson tirava fotos, que abrangiam desde as brincadeiras das crianças até os modos como eram carregadas por suas mães e as interações com a antropóloga. Esse trabalho sai publicado, em 1942, como um livro de fotografias chamado *Balinese Character: A Photographic Analysis*, ou "A personalidade balinesa: uma análise fotográfica". Suas conclusões principais versavam sobre o modo de aprendizado dos balineses, que o casal de antropólogos definiu como visual (pela observação) e cinestético (porque os movimentos de danças, por exemplo, eram aprendidos com o professor-tutor movimentando o corpo de seu aprendiz), concluindo ser esse um tipo de aprendizado que ensinaria a passividade e uma consciência particular do corpo.

A ênfase na formação da personalidade expressa bem uma das preocupações dessa escola: a relação do indivíduo com a sociedade em termos de sua formação como um tipo específico de personalidade. O estudo de Ruth Benedict, *Padrões de cultura*, apresentava exatamente isso: como as culturas conformam os comportamentos humanos em termos de um ideal, ilustrando-o a partir de três tipos de personalidade encontrados em povos diversos. A própria Mead fez também esse exercício em *Sexo e temperamento*, discutindo os papéis de gênero em três sociedades, e demonstrando que todos eles divergiam em pontos importantes daqueles encontrados nos Estados Unidos. Outros antropólogos dessa escola abordaram a questão, cunhando o termo "caráter nacional" para designar as personalidades ideais e típicas às nações, como o japonês "disciplinado" e o russo "esquentado". É interessante que, com inspirações psicanalistas, esses antropólogos estudam a primeira infância e, por exemplo, modos de ninar e embalar as crianças, de ensinar a higiene pessoal e de disciplinar os comportamentos como definidores de padrões culturais, como determinantes na formação da personalidade ideal, adulta, de suas sociedades.

Se esses trabalhos têm a inegável importância de dar visibilidade aos estudos da criança e sugerir métodos e temas de observação, coleta e análise de dados, demonstrando que a experiência das crianças é cultural e só pode ser entendida em contexto, eles não obstante sofrem com alguns de seus pressupostos analíticos. Tomando a cultura como aquilo que é adquirido e transmitido e o grande diferencial cultural como a formação de padrões de personalidades, essa corrente da antropologia corre o risco de engessar os estudos na questão de como a criança é formada e como adquire competências culturais esperadas para a vida adulta. Esses estudos estão marcados pela cisão entre a vida adulta e a da criança, e remetem a uma idéia de imaturidade e desenvolvimento da personalidade madura. Assim, supõem um fim último do processo de desenvolvimento, o adulto ideal da sociedade em questão, seja ela balinesa, francesa ou norte-americana — adulto esse que é, em última instância, definido no e pelo estudo científico.

Um segundo momento dos trabalhos nessa área é dado pelas pesquisas dos antropólogos britânicos marcados pelas preocupações da escola estrutural-funcionalista fundada por Radcliffe-Brown. Essa vertente de análise se firma em contraposição às americanas, negando o psicologismo que, como afirmam em suas críticas, as definiriam. A eles, não interessa a formação da personalidade ideal, mas sim as práticas e o processo de *socialização* dos indivíduos. Não é uma questão de aquisição de cultura e competências, afirmam, mas de delimitação dos papéis e relações sociais envolvidas nesses processos e que embasam e realizam essas práticas.

No estrutural-funcionalismo, as sociedades são entendidas como um sistema de papéis e relações sociais que podem ser observados, descritos e analisados pelo pesquisador. Esses papéis definem o lugar do indivíduo na sociedade, e estão ligados a outros, conformando assim uma totalidade social a ser reproduzida indefinidamente. As gerações se sucedem, e cada qual vai assumindo um papel social que lhe antecede e define seu status e posição na sociedade. Com esses pressupostos, a criança dos estudos estrutural-funcionalistas se vê relegada a protagonizar um papel que não define. Suas ações e representações simbólicas não precisam ser estudadas, portanto, para que se defina seu lugar no sistema: são dadas pelo próprio sistema. O que se estuda, então, são os grupos de mesma faixa etária (os pares), as categorias de idade, as passagens entre categorias de idade e status sociais, e seu papel funcional. As interações sociais estudadas limitam-se àquelas com o que se define como "agentes de socialização", sejam eles adultos ou membros mais velhos de um grupo de jovens. Quando falam de aquisição de competências, referem-se àquelas necessárias para que se realize um determinado papel social. E, coerentes com o pressuposto da sociedade como um sistema, quando falam de socialização, falam de práticas que têm como objetivo a inserção dos indivíduos em categorias sociais que conformam um sistema, o qual deve ser articulado analiticamente pelo pesquisador. Recusa-se às crianças, portanto, uma parte ativa na consolidação e definição de seu lugar na sociedade: elas são vistas como um receptáculo de papéis funcionais que desempenham, ao longo do processo de socialização, nos momentos apropriados.

Para ilustrar essa corrente, vejamos como a socialização é explorada no trabalho de uma antropóloga filiada a ela. A escolha do tema não foi aleatória, mas sim para permitir uma comparação com as análises que descrevemos acima. Como a socialização é menos central a essa corrente, os trabalhos desenvolvidos sobre ela são também menos comuns. Mas a questão do choro (ou da "birra") infantil e das práticas socializadoras a ele relativas, exploradas em um estudo de Barbara Ward sobre Hong Kong, pode ser bem ilustrativa. A começar, porque, como diz a própria autora, essa questão foi incidental em sua pesquisa, voltada que era ao sistema socioeconômico. Mas, observando quando e por que as crianças choram, e qual a reação dos mais velhos, ela nos mostra como a agressividade e a falta de controle são desencorajadas por essa sociedade, e como o choro não é, lá, e relativamente, uma estratégia bem-sucedida de chamar a atenção e buscar cuidados. Sua explicação, porém, não é dada pela formação da personalidade ideal em Hong Kong, mas pela inserção da criança e do adolescente no sistema estrutural e pelo valor da agressividade na definição de papéis sociais. O que ela nos diz é que o esvaziamento do choro como um recurso de garantia de cuidados pelas crianças não significa falta de cuidados em geral, e deve ser entendido em seu contexto social. E esse contexto é o de uma inserção gradativa na sociedade (pouco problemática porque sem grandes rupturas e sem exigências de que se faça mais do que se é capaz), de uma consciência do papel exercido e de uma valorização do autocontrole em detrimento da agressividade nos papéis de liderança.

Os pressupostos e as técnicas de pesquisa que vimos nessas duas correntes, a culturalista e a estrutural-funcionalista, estão presentes também nas análises feitas no Brasil nesse mesmo período. Elas dizem respeito à educação, como chamam os autores, em sociedades indígenas brasileiras, e versam sobre a inserção dos indivíduos na sociedade e a formação de uma personalidade ideal. Nos estudos pioneiros de Egon Schaden (sobre as crianças guarani) e Florestan Fernandes (sobre a socialização entre os Tupinambá), esses pressupostos culturalistas e funcionalistas são reencontrados. Ambos falam de uma personalidade ideal, do valor da repetição, da homogeneização cultural e da certeza sobre o papel social que ocupam como sendo determinantes para entender o lugar dos "imaturos" nessas sociedades.

As contribuições de todos esses estudos para a análise das crianças em seu contexto sociocultural são inúmeras, e certamente seria um erro renegá-los como um todo. Porém, seus pressupostos limitavam seu alcance. Dentre eles, o de que às crianças é inculcada a cultura, ou o de que elas são socializadas, ou seja, inseridas por agentes e práticas socializadoras na sociedade mais ampla. Enfatizando ora a cultura, a aquisição de competências e a formação de personalidades, ora a inserção na estrutura social, essas análises pressupunham um fim último e uma imutabilidade do processo estudado e conhecido pelo pesquisador, marcado que estava pela reprodução social e transmissão cultural. Era necessário dar um passo adiante, e se fazer capaz de abordar as crianças e suas práticas em si mesmas.

Uma nova antropologia da criança

A partir da década de 1960, os antropólogos engajaram-se em um grande esforço de avaliar e rever seus conceitos.

Novas formulações para conceitos centrais ao debate antropológico surgem, permitindo que se estude a criança de maneiras inovadoras. Dentre eles, o conceito de cultura, de sociedade e de agência, ou de ação social. Essas revisões serão apresentadas aqui de modo sistemático, e certamente não exaustivo, apenas para que possamos entender a virada que aconteceu nesse campo dos estudos antropológicos.

Na revisão do conceito de cultura, os antropólogos, ao invés de tomá-la como algo empiricamente observável e delimitado, cada vez mais abdicam de falar em costumes, valores ou crenças para frisar que o que de fato interessa está mais embaixo. Ou seja, não são os valores ou as crenças que são os dados culturais, mas aquilo que os conforma. E o que os conforma é uma lógica particular, um sistema simbólico acionado pelos atores sociais a cada momento para dar sentido a suas experiências. Ele não é mensurável, portanto, e nem detectável em um lugar apenas — é aquilo que faz com que as pessoas possam viver em sociedade compartilhando sentidos, porque eles são formados a partir de um mesmo sistema simbólico. Se quisermos tentar uma analogia, pensemos os valores como as palavras em uma frase, e a cultura como o sistema lingüístico que permite que as pessoas articulem as palavras, as frases e as idéias de um modo que faça sentido para si e para os outros. Utilizamo-nos desse sistema simbólico todos os dias, embora não o conheçamos por inteiro, nem tenhamos consciência de o fazer. É como a gramática que permite que articulemos uma fala — pode ser conhecida, mas não precisa ser retomada conscientemente pelo falante.

Tomando a cultura desse modo, entendemos melhor seu funcionamento e também sua mudança. Isso porque a cultura não está nos artefatos nem nas frases, mas na simbologia e nas relações sociais que os conformam e lhes dão sentido. Assim, um texto, uma crença ou o valor da vida em família podem mudar, sem que isso signifique que a cultura mudou ou se corrompeu. A cultura continuará existindo enquanto consistir esse sistema simbólico. Nesse sentido, está sempre em formação e mudança.

O mesmo ocorre com a sociedade. O contexto cultural de que falamos até aqui, e que é imprescindível para se entender o lugar da criança segundo os novos estudos, deve ser tomado como sendo esse sistema simbólico. Ele é estruturado e consistente, e por isso permite que sentidos e significados sejam formados e reconhecidos. O contexto social segue o mesmo percurso: sem abdicar de sua condição estruturada, o conceito de sociedade se abre para dar conta de uma produção contínua das relações que a formam. Não se trata mais de pensar uma totalidade a ser reproduzida, mas de um conjunto estruturado em constante produção de relações e interações.

Rever a sociedade implica rever também o papel do indivíduo dentro dela. Se a sociedade é constantemente produzida, ela não poderá sê-lo se não pelos indivíduos que a constituem. Portanto, ao invés de receptáculos de papéis e funções, os indivíduos passam a ser vistos como atores sociais. Se antes eles eram atores no sentido de atuar em um papel, agora eles o são no sentido de atuar na sociedade recriando-a a todo momento. São atores não por serem intérpretes de um papel que não criaram, mas por criarem seus papéis enquanto vivem em sociedade.

Essas são revisões de conceitos-chave da antropologia. E, por isso, permitem que se vejam as crianças de uma maneira inteiramente nova. Ao contrário de seres incompletos, treinando para a vida adulta, encenando papéis sociais enquanto são socializados ou adquirindo competências e formando sua personalidade social, passam a ter um papel ativo na definição de sua própria condição. Seres sociais plenos, ganham legitimidade como sujeitos nos estudos que são feitos sobre elas. Vejamos como essas mudanças afetam os estudos antropológicos em três aspectos: a criança como ator social, a criança como produtor de cultura, e a definição da condição social da criança.

A criança e a infância

Falamos aqui de uma antropologia da criança e não da infância. Isso porque a infância é um modo particular, e não universal, de pensar a criança. O estudo histórico de Philippe Ariès sobre *A criança e a vida familiar no Antigo Regime* mostra que a idéia de infância é uma construção social e histórica do Ocidente. Ela não existe desde sempre, e o que hoje entendemos por infância foi sendo elaborado ao longo do tempo na Europa, simultaneamente com mudanças na composição familiar, nas noções de maternidade e paternidade, e no cotidiano e na vida das crianças, inclusive por sua institucionalização pela educação escolar. O que Ariès nos mostra é a construção histórica do que denomina um *sentimento da infância*. Este não deve ser entendido, vale dizer, como uma sensibilidade maior à infância, como um sentimento que nasce onde era ausente, mas como uma formulação sobre a particularidade da infância em relação ao mundo dos adultos, como o estabelecimento de uma cisão entre essas duas experiências sociais. Portanto, contemporaneamente, os direitos das crianças e a própria idéia de menoridade não podem ser entendidos senão a partir dessa formação de um sentimento e de uma concepção de infância.

Em outras culturas e sociedades, a idéia de infância pode não existir, ou ser formulada de outros modos. O que é ser criança, ou quando acaba a infância, pode ser pensado de maneira muito diversa em diferentes contextos socioculturais, e uma antropologia da criança deve ser capaz de apreender essas diferenças.

Para isso, a análise antropológica deve abranger outros campos que, a cada caso, serão fundamentais para se entender o que significa ser — e deixar de ser — criança nesses contextos. Por exemplo, a concepção da pessoa humana e de sua construção pode ser imprescindível para entender como se compreende e vivencia o período da vida em que se é criança. Podemos ilustrar essa afirmação com o caso dos Xikrin, uma etnia indígena de língua jê que mora no Pará e se autodenomina *Mebengokré*, para quem o corpo de um novo ser humano vai sendo criado durante a gestação, gradativamente, por meio das relações sexuais; não há, portanto, um momento único de concepção, seguido da formação do corpo, mas sim uma formação contínua. Como mais de um homem pode contribuir para essa formação, o bebê pode ter mais de um pai, que será reconhecido e reconhecerá sua paternidade, participando de um ritual público quando do nascimento do bebê. A formação do corpo durante a gestação cria um laço corpóreo entre o bebê e seus genitores que não se encerra com o nascimento; pelo contrário, durará a vida toda. Quando o bebê tem ainda o corpo em formação, "mole", como eles dizem, os genitores devem respeitar cuidados com seu próprio corpo que, se infringidos, causariam mal ao corpo do bebê; essa é uma fase crucial, mas a ligação fundada na gestação perdura, e se revelará com toda força em situações de crise, como doenças.

Mas a formação do corpo não basta para gerar uma nova pessoa xikrin. Para eles, o ser humano é construído por outros elementos, um dos quais é o *karon*, algo imaterial que normalmente glosamos por "alma" ou "duplo". Como nenhuma dessas glosas é adequada, continuarei aqui a usar a palavra na língua mebengokré, tentando porém descrever seu sentido. O *karon* parece já estar presente desde a gestação, e é a parte da pessoa que perdurará após a morte. Durante a vida, ele transita, deixando o corpo e retornando a ele — é isso que permite às pessoas sonhar, e o que se sonha, dizem os Xikrin, são as experiências do *karon* enquanto deixa o corpo adormecido e passeia. Porém, essas ausências trazem um grande risco: o do *karon* não retornar ao corpo, o que significará sua morte. Esse risco é tão maior quanto mais vulnerável está o corpo — e é particularmente grande para crianças pequenas, que têm um corpo menos capaz de reter o *karon*. Por isso, os Xikrin tomam cuidado em não deixar as crianças se zangarem: uma criança emburrada está vulnerável, seu *karon* pode sair vagando e não voltar mais. A situação é complexa, e combina uma maior vulnerabilidade corpórea, do próprio *karon*, ainda pouco conhecedor dos caminhos e sujeito a se perder, e uma maior probabilidade de atender aos chamados dos outros *karon*, os daqueles que morreram e, saudosos dos vivos, buscam trazê-los para perto de si. Vê-se que, em uma situação assim complexa, os cuidados devem ser redobrados — e, caso uma criança se zangue e se afaste chorando, os Xikrin se desdobram em mantê-la atenta ao mundo dos vivos, falando com ela, evitando assim que o *karon* se ausente em definitivo.

Corpo e *karon*, porém, não esgotam a formação de uma nova pessoa: ela deve receber nomes e prerrogativas que lhe forneçam uma identidade social, a ser exposta nos momentos do ritual. Esses nomes e essas prerrogativas são-lhe dados por pessoas que não contribuíram com a formação de seu corpo, ampliando assim sua rede de relações sociais para além daquelas pessoas com quem está ligada pelo corpo. A importância dos nomes e das prerrogativas pode ser vista em um momento dramático, o da morte de um bebê: apenas aqueles que receberam nomes terão um tratamento funerário digno de uma pessoa plena. Vê-se, assim, que a plenitude da pessoa só é alcançada quando ela é composta por corpo, *karon* e nomes/prerrogativas rituais.

Não obstante, isso vai fazer do novo bebê uma pessoa xikrin. Resta-nos saber até quando ela será criança, e como esse período é marcado. Isso pode ser visto, literalmente, pela ornamentação corporal, algo muito sério para os Xikrin. Realizado continuamente, comunica sobre a situação social daquele que é pintado e ornado: fase da vida, gênero, situação cotidiana ou ritual, nascimento de filhos ou de netos, saúde ou doença, tranqüilidade ou luto, paz ou guerra... Algumas fases por que passam a criança são assim marcadas, como por exemplo o momento em que conquista uma primeira autonomização, quando começa a falar e a andar, locomovendo-se sozinha. E a modalidade de pintura que passa a receber nesse momento, feita por sua mãe ou irmãs, será a mesma até uma derradeira vez, quando gestar por si uma criança. Desde então, a mulher se pintará com motivos do gênero e da idade, junto às outras mulheres, e o homem passará a ser pintado por sua esposa, usando também novos motivos. Poderíamos, portanto, concluir que um ou uma Xikrin será criança até o momento em que passa a ter uma criança que é sua — e que é o momento em que o casamento é consolidado, em que o casal ganha um espaço próprio na casa, faz sua própria roça e caça e pesca o que irá comer e compartilhar, ganhando também um lugar na produção econômica.

Desde cedo, a criança participará de grupos formados pelo que os antropólogos chamam de categorias de idade; quando ganha seu primeiro filho, continuará a fazer parte desses grupos, mas agora daquele que é denominado "pais de um único filho". Será a quantidade de filhos que levará esses novos adultos a mudar de categoria de idade, até a velhice, que os Xikrin dizem ser o momento em que não se tem mais filhos — ou, de um modo poético que lhes é peculiar, quando seus filhos (e netos) passam a ter filhos por eles.

Essa ilustração, mesmo que breve, teve como intuito revelar a complexidade envolvida em compreender essa fase da vida em outros contextos socioculturais, na qual elementos aparentemente tão díspares quanto a construção de um novo corpo, a relação com o choro da criança e os sonhos, a íntima ligação de corpo e *karon* — que se desenvolvem correlacionados —, a pintura corporal e as categorias de idade têm que ser trazidas à tona e esmiuçadas para que se comece a compreender o que significa, para um Xikrin, ser criança.

Porém, não devemos esquecer que, mesmo nas sociedades de tradição ocidental, a história continua, e essa idéia de infância tem sofrido modificações. Ariès nos apresenta como essa idéia surge; outros estudos têm tentado entender as mudanças contemporâneas da experiência e da concepção de infância no Ocidente. Portanto, mesmo uma antropologia da criança que seja feita em uma realidade sociocultural muito próxima à do antropólogo não pode prescindir de uma reflexão sobre o que é ser criança nesse contexto, e de que infância se está falando. Afinal, como já dizia Margaret Mead, crianças existem em toda parte, e por isso podemos estudá-las comparando suas experiências e vivências; mas essas experiências e vivências são diferentes para cada lugar, e por isso temos que entendê-las em seu contexto sociocultural.

Como exercício, pensemos em um caso impactante, rico para nos lembrar que as definições de quando começa a vida humana podem ser diversas mesmo nos nossos arredores. Muitos se espantam com casos como infanticídio, ou, para aproveitarmos o exemplo acima, o tratamento funerário diferenciado para os bebês xikrin que não receberam nomes. Pensemos, porém, nas polêmicas contemporâneas sobre o aborto. Muitas são as posições, e aqueles que são contrários ou favoráveis ao aborto podem sê-lo pelas razões mais diversas. Há as posições baseadas em argumentos religiosos, como a vertente católica que prega que a criança já tem alma desde a concepção; há as baseadas em argumentos biológicos, ou biomédicos, que tentam inferir desde quando o bebê sente dor, negando o aborto a partir desse momento; há a discussão jurídica, do direito de nascer e do direito à vida. Não falamos aqui daqueles que se fundamentam na liberdade de escolha ou no risco à mãe: estamos, e apenas como um exercício, elencando algumas posições genéricas que focam no feto para basear a decisão contrária ou favorável. Por eles, podemos ver que o que se debate, no fundo, é o estatuto de uma nova vida humana — é um debate de quando a vida se forma, e desde quando o feto é sujeito pleno, seja em alma, corpo ou direitos. Exemplo forte que demonstra que, embora se possa pensar que haja *uma* tradição ocidental definidora da infância, seu estatuto pode ser um debate contemporâneo e às vezes acirrado.

A criança atuante

A criança atuante é aquela que tem um papel ativo na constituição das relações sociais em que se engaja, não sendo, portanto, passiva na incorporação de papéis e comportamentos sociais. Reconhecê-lo é assumir que ela não é um "adulto em miniatura", ou alguém que treina para a vida adulta. É entender que, onde quer que esteja, ela interage ativamente com os adultos e as outras crianças, com o mundo, sendo parte importante na consolidação dos papéis que assume e de suas relações.

Em meus estudos sobre as crianças xikrin, tento demonstrar que elas não simplesmente aprendem as relações sociais em que têm e terão que se engajar ao longo da vida, mas atuam em sua configuração. Vejamos que isso é feito, como tudo que temos apontado aqui, com uma relativa autonomia. Certamente, haverá relações possíveis a elas, outras impossíveis; umas dadas e inevitáveis, outras mais abertas à construção. No entanto, e de acordo com a margem de manobra que lhes é dada culturalmente, as crianças xikrin constroem grande parte das relações sociais em que se engajarão durante a vida. Deve-se entender que falamos em margem de manobra não como uma subversão ou manipulação do sistema, mas como algo que é inerente a ele; afinal, como dissemos acima, a criança não é apenas alocada em um sistema de relações que é anterior a ela e reproduzido eternamente, mas atua para o estabelecimento e a efetivação de algumas das relações sociais dentre aquelas que o sistema lhe abre e possibilita.

Para entendê-lo, temos antes que entender o sistema de parentesco xikrin. Outras culturas, outras noções de parentes e parentesco. Os Xikrin têm um sistema de parentesco classificatório que faz com que várias pessoas, de acordo com sua posição genealógica, sejam enquadradas em um mesmo tipo de categoria de parentesco. Assim, para dar apenas um exemplo, os Xikrin estendem aos irmãos (homens) do pai o uso do termo equivalente a pai; às irmãs (mulheres) da mãe o uso do termo equivalente a "mãe". Isso não quer dizer que eles confundam os papéis, e muito menos que não saibam quem de fato os concebeu — quer dizer que eles classificam do mesmo modo o pai e seus irmãos. De fato, a todos a que chama "pai" a criança deverá reservar um certo tipo de tratamento considerado adequado a essa relação, o que os torna, aparentemente, indistintos. Mas será que todos os irmãos do pai de uma criança serão tidos por ela como se fossem pais e portanto terão a mesma importância em sua vida? Não necessariamente, e é aí que a margem de manobra de que falamos acima se manifesta.

Como, além de tudo, depois do casamento o homem vai morar na casa da família de sua esposa, esses irmãos do pai — que podem ser mais próximos ou mais distantes na genealogia (porque o pai também chama de irmão várias pessoas que não são seus irmãos uterinos, criando uma espécie de efeito dominó) — provavelmente morarão em outra casa que não aquela onde cresce a criança. Sendo assim, a relação social é apenas potencialmente próxima — mas ela o será, ou não, de acordo com a relação que efetivamente se cria entre essas pessoas. Ou seja, ela poderá se conformar como uma relação próxima, mas isso vai depender dos laços que se vão criando entre esse homem e essa criança. Isso quer dizer que, embora a relação seja possível, ela só será realizada de fato na prática, e de acordo com o tipo de laços criados e mantidos ao longo da vida. E, portanto, de acordo com uma atuação da criança no sentido de fortalecer ou não esses laços. A criança não apenas aprende como se deve tratar um pai classificatório; ao lado disso, dentre as várias pessoas que ela chamará de pai, algumas se tornarão mais próximas e importantes na sua vida que outras. Portanto, cada criança criará para si uma rede de relações que não está apenas dada, mas deverá ser colocada em prática e cultivada. Elas não "ganham" ou "herdam" simplesmente uma posição no sistema de relações sociais e de parentesco, mas atuam na criação dessas relações.

Uma outra modalidade de relação social, aquela com as irmãs, é uma ilustração interessante disso. Pela mesma lógica do sistema de parentesco que vimos acima, um menino pode chamar de "irmã" uma pluralidade de pessoas, mais próximas ou mesmo distantes na genealogia, e que podem crescer mais ou menos junto com ele. São suas irmãs não só aquelas que compartilham dos mesmos genitores, mas todas as filhas daqueles a que o menino chama de mãe e pai. De novo, porém, a relação com essas meninas pode se tornar mais ou menos afetiva, próxima e de cumplicidade, de acordo com os laços que cria com elas. Vejamos como.

Às vezes, grupos de meninos saem pelos arredores da aldeia para caçar passarinhos. Brincadeira, sim, mas que ganha ares de seriedade quando, retornando à aldeia, eles oferecem os passarinhos às meninas, como os homens entregam às mulheres o produto da caça. Podemos interpretar isso de diversas maneiras: esvaziando seu significado e dizendo que é só uma brincadeira, ou atribuindo-lhe um significado e dizendo que esses meninos estão treinando para a vida adulta, como um ensaio para o momento em que trarão caça às suas esposas. Gostaria de sugerir aqui, como fiz em outro trabalho, que eles estão fazendo algo muito mais sério: estabelecendo relações sociais que valerão para a vida toda. Não estão tratando suas irmãs, reais ou classificatórias, como se fossem esposas; tratam-nas como irmãs, e assim efetivam uma relação social que perdurará pela vida, e que consiste em uma modalidade importante de troca. Afinal, não são só as esposas as beneficiárias de sua caça, mas as irmãs também. Com algumas, essa relação de troca pode ser efetivada desde quando crianças, e a mulher adulta receberá seu irmão para comer a carne processada assim como o fez quando criança, quando tratou o passarinho que ele lhe ofereceu. Parte da brincadeira, sim; mas uma brincadeira com conseqüência, e que inaugura uma relação de troca que será importante para toda a vida. É a criação de uma relação social onde antes havia só a promessa, ou a possibilidade dessa criação.

Podemos ilustrar esse papel ativo das crianças de outro modo, tomando como exemplo os "meninos de rua" de São Paulo. Sabemos que a própria idéia de menino de rua — como aquela, anterior, de menor abandonado ou delinqüente, e a mais contemporânea de crianças em situação de risco — é socialmente construída. Uma pesquisa etnográfica realizada em São Paulo por Maria Filomena Gregori, observando e entrevistando essas crianças nas ruas, nas instituições, e nas suas relações com a família e com outros atores da realidade urbana — comerciantes, policiais, traficantes — demonstrou que elas têm um papel ativo não só na constituição de laços e relações sociais como na elaboração de uma imagem, uma identidade, para si e para os outros.

O livro que resultou dessa pesquisa é rico e complexo. Dentre outras coisas, demonstra que, ao se atentar mais de perto para as relações dessas crianças com suas famílias, descobre-se que elas são muito mais diversas e diversificadas do que dita o senso comum, ou o discurso sobre elas; na realidade, muitas vezes as crianças mantêm um vínculo familiar, e a família constitui um dos vertentes de uma "circulação" que tem a rua e as instituições como outros pontos de paradas temporárias e transitórias. O que define essas crianças não é necessariamente a falta de família ou de vínculo familiar, mas a circulação, o não se fixar em lugar nenhum. Isso não deve diminuir a gravidade de algumas experiências familiares traumáticas, mas significa que, antes de se assumir que estão nas ruas porque não têm família (ou: "elas não podem ter família, ou sua família é desestruturada, porque senão não estariam nas ruas..."), deve-se ver de perto, e a partir da criança, que relação estabelece ou deixa de estabelecer com sua família, e como ela se constitui. Pode-se descobrir que o vínculo nem sempre é quebrado, mas às vezes definido a partir de uma lógica da circulação que, lembra a autora, pode pautar a família mesmo, e não apenas a criança.

Por essa pesquisa, vê-se que essas crianças engajam-se ativamente na constituição de laços afetivos e de relações sociais em todos os espaços pelos quais circulam. Isso inclui desde a constituição de "agrupamentos" de composição diversa e particular — mas que obedecem a códigos e regras e estabelecem para si um local definido e definidor —, passando pela família e as instituições — nas quais buscam alguns recursos e que freqüentemente usam como "bases" para depositar documentos, por exemplo —, até os outros atores da realidade urbana em que se inserem. Mais: não sendo, em termos absolutos, nem vítimas nem algozes, fazem, no entanto, uso dessas imagens estereotipadas para estabelecer um discurso que funda uma identidade tão fluida como é sua circulação.

A criança produtora de cultura

Quando a cultura passa a ser entendida como um sistema simbólico, a idéia de que as crianças vão incorporando-a gradativamente ao aprender "coisas" pode ser revista. A questão deixa de ser apenas como e quando a cultura é transmitida em seus artefatos (sejam eles objetos, relatos ou crenças), mas como a criança formula um sentido ao mundo que a rodeia. Portanto, a diferença entre as crianças e os adultos não é quantitativa, mas qualitativa; a criança não sabe menos, sabe outra coisa. Isso não quer dizer que a antropologia da criança recente se confunda com análises do desenvolvimento cognitivo; ao contrário, dialoga com elas. A questão, para a antropologia, não é saber em que condição cognitiva a criança elabora sentidos e significados, e sim a partir de que sistema simbólico o faz.

Os estudos mais interessantes sobre isso são os da antropóloga britânica Christine Toren. Psicóloga de formação, ela é capaz como poucos de fazer dialogar esses dois campos de conhecimento para entender o modo como as crianças fiji, com quem trabalha, atribuem sentido ao mundo. Toren utiliza-se mesmo de instrumentos da psicologia, como a confecção de desenhos temáticos pelas crianças, ao lado dos métodos antropológicos. E sua análise demonstra aquilo que dizíamos acima: que os significados elaborados pelas crianças são qualitativamente diferentes dos adultos, sem por isso serem menos elaborados ou errôneos e parciais. Elas não entendem menos, mas, como afirma, explicitam o que os adultos também sabem mas não expressam.

Tomemos um exemplo disso para entendermos melhor. Toren nos mostra que, em Fiji, há um sistema hierárquico que perpassa todas as esferas de sociabilidade, e que é expresso principalmente pela ocupação do espaço: pessoas de status mais alto sentam acima, mesmo que esse acima nem sempre seja situado em um eixo vertical, mas freqüentemente simbólico. O que as crianças de Fiji fazem é inverter a formulação dos adultos: enquanto eles dizem "fulano senta acima porque é superior hierarquicamente", elas dizem "fulano é de status superior porque senta acima". Toren nos dirá que isso não é uma percepção falha ou incompleta das crianças, mas um modo diferente de falar a mesma coisa. A formulação da criança é completa, e explicita com acuidade a relação entre a ocupação do espaço físico e o status social, expressando o que os adultos não verbalizam. Toren sugere mesmo que estudar as crianças é mais do que um novo ramo da antropologia — é importante não só para entendê-las, mas também fundamental para melhor entender as culturas que os antropólogos estudam.

Estudos desse tipo nos mostram, portanto, que as crianças não são apenas produzidas pelas culturas mas também produtoras de cultura. Elas elaboram sentidos para o mundo e suas experiências compartilhando plenamente de uma cultura. Esses sentidos têm uma particularidade, e não se confundem e nem podem ser reduzidos àqueles elaborados pelos adultos; as crianças têm autonomia cultural em relação ao adulto. Essa autonomia deve ser reconhecida, mas também relativizada: digamos, portanto, que elas têm uma relativa autonomia cultural. Os sentidos que elaboram partem de um sistema simbólico compartilhado com os adultos. Negá-lo seria ir de um extremo ao outro; seria afirmar a particularidade da experiência infantil sob o custo de cunhar uma nova, e dessa vez irredutível, cisão entre os mundos. Seria tornar esses mundos incomunicáveis.

Alguns estudos atuais falam de uma cultura infantil, ou de culturas infantis. Sugiro que esses termos sejam entendidos e adotados tendo em vista as ressalvas que fiz acima. Ou, mais propriamente, que reconheçamos que falar de uma cultura infantil é um retrocesso em todo o esforço de fazer uma antropologia da criança: é universalizar, negando as particularidades socioculturais. Mais ainda: é refazer a cisão entre o mundo dos adultos e o das crianças, e, dessa vez, de modo mais radical. Lembremos mais uma vez a máxima da antropologia: entender os fenômenos sociais em seu contexto. Falar de culturas infantis, portanto, é mais adequado; mas devemos, ainda assim, fazê-lo com cuidado, para não incompatibilizar o que as crianças fazem e pensam com aquilo que outros, que compartilham com ela uma cultura mas não são crianças, fazem e pensam.

É verdade que muitos estudos têm mostrado a importância da transmissão cultural entre crianças. Isso acontece, por exemplo, com brincadeiras infantis, aprendidas não com os adultos, mas com outras crianças. Acontece mesmo na escola, nas brincadeiras no pátio, fora das salas de aulas, em que canções e brincadeiras — às vezes desconhecidas dos adultos que com elas convivem — se fazem e refazem. Embora objeto interessante de observação e análise, isso também não deve ser entendido como uma área cultural exclusivamente ocupada pelas crianças, mas uma das modalidades de produção cultural empreendida por elas. Seremos menos capazes de entender o que elas fazem nessas brincadeiras se não entendermos a simbologia que as embasam, e essa simbologia extrapola o mundo das crianças.

Educação e aprendizagem

Para se fazer uma boa antropologia da criança enfocando a educação e os processos de aprendizagem, devemos, novamente, começar do começo — ou seja, nos perguntando o que significa educar e aprender nos casos que pesquisamos; como se concebe o conhecimento e sua transmissão; quais são as modalidades, os lugares e as relações envolvidas nesse processo; como se insere e é inserida nele a criança; e de que criança se trata.

Obviamente, há uma diversidade de experiências culturais de ensino e aprendizagem. Freqüentemente, elas são diferenciadas em sua formalização: haveria o "ensino formal" e o "informal", distinguindo-se assim espaços mais ou menos segregados de instrução e conhecimentos mais ou menos abstratos e aplicáveis em contextos descolados daquele em que foram aprendidos. Se em alguns casos essa distinção pode ser interessante e analiticamente produtiva, sua abrangência deve ser relativizada, sob o risco de se estabelecer que alguns conhecimentos podem ser transmitidos em situação, enquanto outros, por sua qualidade intrínseca, necessitam de uma formalização para serem aprendidos que se estende ao processo mesmo de aprendizagem. Isso seria deixar de reconhecer na escola, ou na instituição escolar e no modelo pedagógico que ela traz, seu caráter histórico e de construção social. Afinal, espaços especializados de aprendizagem podem ser encontrados ao redor do mundo, transmitindo conhecimentos os mais diversos, em modalidades as mais diversas.

Do mesmo modo, faz-se às vezes uma distinção entre transmissão oral e escrita, como se ela significasse, por si só, uma modalidade de conhecimento ou (re)produção. Novamente, gostaria de lembrar que estudos realizados em sociedades orais revelam uma ênfase ora em criatividade e inventividade, ora em reprodução e memorização, assim como se pode esperar uma maior fidelidade ao texto escrito ou, inversamente, valorizar as competências de elaborar sobre o texto. Sendo assim, o caráter de oralidade ou escrita não implica direta e necessariamente em uma maior habilidade ou ênfase na criatividade ou memorização; o que fundará essa diferença são as ênfases culturais e os processos específicos que elas engendram, independente de se a cultura em questão, ou o conhecimento, é grafado.

Indo além, devemos lembrar que alguns estudos têm se dedicado ainda a demonstrar que, em sociedades as mais diversas, as crianças podem ser concebidas como mais ou menos atuantes na elaboração dos conhecimentos de que se apropriam, numa distinção que, de novo, não pode ser tipologizada em termos de sociedades ágrafas *versus* da escrita, ou "complexas" *versus* "simples", "primitivas" ou "tradicionais". Em diversas esferas, essas tipologias já se provaram menos produtivas e definidoras do que se esperava que fossem, quando de sua formulação. Aqui também, no que diz respeito à produção de sentidos sobre o que se aprende, são mais enganadoras do que úteis, já que nos fazem pressupor que umas sociedades estariam fadadas a transmitir um corpo de conhecimento fechado, sobre o qual o "aprendiz" não tem papel ativo, enquanto outras, ao contrário, produziriam sujeitos críticos e inventivos. Análises de sociedades consideradas "tradicionais" revelam que as crianças e os jovens podem ser mais que meros receptores de conhecimentos, sendo ativos na construção de sentidos e de conhecimentos no processo de aprendizagem.

O que se sugere aqui é que, ao invés de se estabelecer uma apreciação generalizante e universalizante sobre os conhecimentos e os modelos de ensino e aprendizagem, devemos observar contextualizadamente concepções, meios e processos: em cada caso, uma concepção de pessoa, criança, e aprendizagem conformará um modelo específico de transmissão e apropriação de conhecimentos.

Concepções de transmissão e permanência, por exemplo, podem ser as mais variadas. O antropólogo americano Richard Price apresenta, para os Saramaka, um povo do Suriname, a importância do conhecimento do *First Time*, ou dos tempos primordiais, para a constituição de uma memória e uma identidade. Assim, o aprendizado das histórias que tratam desse tempo é muito valorizado, e deve ser buscado por todo saramaka — mas, como ele nos conta, isso deve ser realizado por cada um individualmente, formando, ao final, um campo de conhecimento múltiplo e diferenciado, e não uma memória canônica e igualmente dominada por todos. Embora haja momentos e relações em que se pode aprender sobre esse tempo, cada saramaka deve *construir* seu conhecimento sobre ele; dessa maneira, o que se enfatiza nesse caso, ensina-nos Price, é uma "transmissão fragmentada", como estratégia mesmo de produção do conhecimento e da memória do grupo. Ou seja, ao contrário do que poderia parecer, a fragmentação das informações e a constituição de um conhecimento múltiplo e variado são condições da reprodução da memória histórica e da construção da identidade do grupo.

Concepções de conhecimento também podem ser muito diversas. Para os Piaroa, povo indígena da Venezuela — segundo nos conta Joanna Overing —, o conhecimento deve ser adquirido e armazenado como "contas de conhecimento", tornando-se parte constitutiva da pessoa. Sendo para eles o autocontrole valorizado, e os conhecimentos potencialmente perigosos, cada pessoa deve tomar para si tantas "contas" quanto for capaz de dominar. Com isso, constitui-se um processo em que o domínio pessoal dita sua extensão e abrangência.

Assim também, apreciações culturais sobre as capacidades de aprendizagem e as competências são diversas e devem ser levadas em conta. Os Xikrin dizem que se adquire conhecimento por meio dos sentidos da visão e da audição, ou seja, dos olhos e dos ouvidos. Por isso, afirmam que suas crianças podem saber tudo, uma vez que podem testemunhar as mais variadas esferas da sociabilidade; porém, resguardam a elas o direito de nada saber, já que essas capacidades devem ser desenvolvidas em consonância com o desenvolvimento dos órgãos sensoriais que as possibilitam. Com isso, abrem às crianças a possibilidade ampla de aprendizagem, sem implicar uma expectativa de domínio, que lhes pareceria precoce, de tudo o que podem testemunhar. Por outro lado, valorizam a vontade e a iniciativa de aprender, enfatizando o pedido para que outros lhes ensinem algo que dominam como um motor do aprendizado. Portanto, e com os vários exemplos xikrin, vemos que concepções do que é ser criança, do desenvolvimento e da capacidade de aprender devem ser entendidas de maneira interligada. Só assim se pode compreender o que significa para eles aprender e a aprendizagem, e os processos pelos quais os realizam.

Uma palavra sobre interdisciplinaridade e aplicação da pesquisa

A criança e a infância têm sido foco de análise de vários campos do conhecimento. Sendo assim, devemos nos perguntar sobre os possíveis diálogos das pesquisas antropológicas com essas diversas áreas. Há bons exemplos de trabalhos antropológicos que dialogam com a psicanálise, a psicologia — especialmente aquela voltada ao desenvolvimento infantil —, a pedagogia e as ciências da educação. No primeiro caso, como nos trabalhos de Toren, técnicas e teorias sobre as crianças podem informar as pesquisas dos antropólogos, e prover um bom campo de diálogo e debate. No segundo, pesquisas antropológicas têm auxiliado a entender o engajamento (ou a falta dele) das crianças em propostas pedagógicas, dando à revisão contemporânea dos modelos pedagógicos nova luz e novos parâmetros, tanto em experiências de reflexão sobre a educação como na aplicação de resultados de pesquisa.

A escola, portanto, também deve ser abordada em uma pesquisa antropológica tendo a criança como um ator social importante e relevante. Afinal, e pelo que vimos até agora, as crianças não apenas se submetem ao ensino, mesmo em suas faces mais disciplinadoras e normatizadoras, como criam constantemente sentidos e atuam sobre o que vivenciam. Desse modo, análises do que as crianças fazem e pensam que estão fazendo, do sentido que elaboram sobre a escola, das atividades que nela desenvolvem, das relações que estabelecem com colegas, professores e outros profissionais do ensino, e da aprendizagem podem ser muito enriquecedoras para melhor compreender as escolas e as pedagogias.

Desse modo ganha-se, como recentemente a própria antropologia ganhou, com o reconhecimento da criança como sujeito social ativo e atuante, produtor mais que receptor de cultura. Porém, temos que reconhecer alguns limites. Se relativizarmos em excesso, podemos chegar ao ponto de estabelecer que processos cognitivos e de desenvolvimento infantil são culturalmente dados, tomando diferenças culturais como desigualdades internas à humanidade. Portanto, devemos sempre lembrar que está no campo da cultura a diversidade de elaboração e utilização de capacidades humanas universais — ou seja, que, se cada cultura pensa o desenvolvimento da criança a partir de seus próprios termos, isso não quer dizer que a criança se desenvolva diferentemente, mais ou menos, mais rapidamente ou com maior vagar a depender de onde cresce. Por outro lado, se universalizarmos demais, tornamo-nos incapazes de perceber as especificidades dadas pelos contextos socioculturais. É como se coubesse à psicologia estabelecer se os modelos de Piaget ou Vygotski valem para além da Europa de seu tempo, e aos antropólogos, dado o pressuposto da unidade humana, identificar os modos de elaboração cultural e historicizada dessas capacidades e competências.

O mesmo vale para as ciências da educação, centradas que estão na pedagogia escolar. Muitos de seus pesquisadores têm tido que se haver com a diversidade cultural interna à escola, e tem-se cada vez mais discutido a implantação de uma educação escolar em sociedades que delas prescindiram. Uma abordagem antropológica pode iluminar razões para se engajar e valorizar a aprendizagem escolar, de modo a se entender inclusive o insucesso escolar — contanto, novamente, que se cuide para não deslizar para um argumento biologizante, de desigualdade em capacidades e competências.

Também para as ciências da saúde a antropologia da criança pode contribuir. Afinal, diagnósticos e tratamentos de doenças que acometem a criança estão embasados, como tudo o mais, em concepções de infância, criança, corpo e corporalidade, relações e comportamentos "saudáveis" e "normais", família... Abre-se aqui um rico campo de pesquisa, que pode abranger desde as concepções culturais que fundamentam diagnósticos e procedimentos até processos de anamnese e tratamento.

Um outro ramo de diálogo interdisciplinar é possível com pesquisas inauguradas pelo livro de Ariès, comentado anteriormente, e que florescem hoje no Brasil: a chamada "história da infância". Por ela, torna-se possível explorar a variação de uma concepção de infância no tempo, correlacionando-a a variações históricas nos modos de tratar, de se relacionar e de vivenciar a infância. Tais mudanças podem ser observadas em textos sobre a criança ou voltados para ela, nas artes plásticas, nos tratados de educação e pedagogia. Neste momento da ciência, em que se valoriza a interdisciplinaridade, esses estudos, realizados por historiadores de formação, revelam-se freqüentemente uma antropologia voltada para tempos passados, e são extremamente valiosos no debate das imagens sobre as crianças e sua atuação no mundo.

Por fim, não podemos esquecer que freqüentemente um diálogo com as ciências jurídicas pode ser frutífero ao estudo antropológico. Como já se apontou, só podemos entender o Estatuto da Criança e do Adolescente vigente hoje no Brasil, assim como as polêmicas que o rodeiam, se compreendermos a concepção de criança e infância que o embasa. Por outro lado, as legislações afetam, em maior ou menor grau, as crianças, e uma boa compreensão desse contexto jurídico — como do institucional que lhe é correlato, seja escolar, de assistência ou punitivo — pode freqüentemente ser revelador na pesquisa que tem como foco as crianças.

Uma análise antropológica da criança pode, por fim, ter um valor propositivo ao elucidar facetas da relação das políticas públicas e das práticas educativas, auxiliando na compreensão de falhas. Essa é uma questão polêmica, e são diversas as opiniões sobre o valor da pesquisa na formulação de políticas voltadas às crianças; freqüentemente, os antropólogos são criticados porque fariam estudos que em nada colaborariam para modificar as situações que analisam. Se é certo que a pesquisa antropológica, como toda pesquisa científica, não deve ser unicamente pautada pelas questões sociais, ela no entanto pode ser realizada para dar conta de problemas específicos — ou mesmo, tendo respondido a suas inquietações de conhecimento, informar remodelações de políticas e atendimento à criança. Afinal, costumam revelar aquilo que é o maior nó nessas relações e as razões dele: a incapacidade de se comunicar com as crianças, de vê-las como sujeitos sociais.

Metodologias e técnicas de pesquisa

Como se viu, o campo das análises antropológicas que têm a criança como foco é amplo e variado. Sendo assim, cada pesquisa particular terá que se decidir por uma metodologia. A observação participante, que tanto marcou a antropologia, e que consiste em uma interação direta e contínua de quem pesquisa com quem é pesquisado, é certamente uma alternativa rica e enriquecedora, que permite uma abordagem dos universos das crianças em si. Para tanto, seu caráter dialógico, de interação, terá que ser enfatizado, permitindo ao pesquisador tratar as crianças em condições de igualdade e ouvir delas o que fazem e o que pensam sobre o que fazem, sobre o mundo que as rodeia e sobre ser criança, e evitando que imagens "adultocêntricas" enviesem suas observações e reflexões. Significa lembrar, desde a realização da pesquisa (e não apenas na análise dos dados), que a criança é um sujeito social pleno, e como tal deve ser considerado e tratado. Evita-se assim que o reconhecimento da criança como um sujeito ativo e produtor de sentido sobre o mundo seja apenas um postulado, esvaziando-lhe seu significado.

A observação participante pode ainda ser complementada com outros recursos, tais como coletas de desenhos e histórias elaboradas pelas crianças e registros audiovisuais.

As opções são muitas, e abrem-se à criatividade, aos interesses e recursos do pesquisador, além das necessidades específicas da pesquisa. Pode-se, por exemplo, optar por coletar desenhos realizados pelas crianças com um mínimo de intervenção, seja nos materiais, no local de realização, no conteúdo; pode-se, ao contrário, pedir que as crianças façam desenhos a partir de um determinado tema de interesse da pesquisa, como, digamos, a família ou a escola. Ou ainda fornecer material, como recortes de imagens de revistas, para uma colagem. Pode-se, ainda, trabalhar alguns desenhos esquemáticos e temáticos com as crianças, de modo a melhor entender uma questão específica — como, por exemplo, fez Toren, quando buscou entender a relação que as crianças de Fiji faziam entre hierarquia e espacialização, pedindo a elas que comentassem alguns esquemas de posicionamento de pessoas elaborados pela pesquisadora.

Tendo os desenhos em mãos, o pesquisador pode pedir às crianças que os comentem, ou mesmo que elaborem histórias a seu respeito. Assim, terá em mãos materiais diversos, mas correlacionados, com os quais trabalhar. Histórias elaboradas pelas crianças e dramatização de situações, mais ou menos dirigidas, têm também sido utilizadas por antropólogos que buscam entender o ponto de vista das crianças.

Os registros audiovisuais têm-se provado de grande valia para a pesquisa, desde os estudos pioneiros de Margaret Mead e Gregory Bateson. Como sempre, os interesses e pressupostos da pesquisa ditam, de alguma forma, os registros tomados e sua interpretação. Vale lembrar que eles não são garantia de uma maior objetividade ou imparcialidade: de um lado, a escolha do que registrar é informada pelos interesses e pelo foco do pesquisador; de outro, as crianças de algum modo irão interagir com câmeras e gravadores, tornando esta uma das modalidades possíveis de exercício de sua fala e ação. Feita essa ressalva, tais registros podem ser muito produtivos e ricos, e podem, como foi o caso daquele estudo pioneiro, fornecer uma narrativa propriamente visual, relativamente autônoma ao texto e às explicações analíticas.

As combinações tornam esse elenco de metodologias e técnicas potencialmente infinito. Podemos dar asas à imaginação, e pensar no registro audiovisual realizado pelas crianças sobre o seu mundo, em atividades escolhidas por elas... O essencial, em todos esses casos, é aproveitar desses meios e dessas técnicas o que elas podem oferecer do ponto de vista das crianças sobre o mundo e sua inserção nele.

Uma antropologia que trata das crianças, porém, não precisa ser feita apenas ao tomá-las como sujeitos privilegiados de interlocução. Por exemplo, um estudo feito em uma escola, ou em um abrigo para crianças em situação de risco, pode ganhar muito ao se debruçar sobre o que os profissionais que lidam com as crianças pensam sobre elas e sobre sua atividade, assim como sobre o que eles próprios (e também elas) fazem, deixam de fazer ou deveriam fazer.

Mais que isso, a pesquisa pode ser realizada sem o advento da observação participante e da interlocução direta com as crianças. Retomando as provocações do início do texto, podemos pensar em uma pesquisa realizada a partir de textos literários sobre as memórias "dos tempos de menino", discutindo a partir deles a imagem de infância que criam. Literatura, cinema, textos jurídicos e legislação, documentos de instituições de assistência à criança, e muitos mais, podem ser fontes ricas para a reflexão sobre o que é ser criança e sobre sua ação no mundo em contextos específicos.

Conclusões: as crianças daqui e de lá

Se os campos de interesses e temas de uma antropologia da criança são muitos e variados, devemos concluir refletindo sobre o que faz de um estudo que tenha a criança como foco "antropologia". Porque, como dissemos já de início, são muitas as especialidades acadêmicas e científicas que têm refletido sobre a criança, sobre a infância e sobre suas ações e interações.

Podemos começar a responder a essa questão negativamente: não serão os métodos ou as técnicas e instrumentos de pesquisa que tornarão um estudo sobre a criança propriamente antropológico. Por exemplo, um pedagogo pode se utilizar da observação participante e da interação com as crianças para realizar um estudo que é pautado pelos interesses e pelo campo de conhecimentos das ciências da educação. Para que seja antropologia, portanto, esse estudo deverá se inserir no campo de conhecimento, nos pressupostos analíticos e no arcabouço conceitual próprio a essa disciplina — o campo que temos apresentado aqui.

Tampouco as técnicas de pesquisa são definidoras, por si só, de um estudo antropológico. Como já afirmamos acima, uma pesquisa pode ser realizada por meio de análises de documentos ou de um conjunto de filmes, continuando a ser antropologia apesar de prescindir da observação participante, tão freqüentemente considerada definidora da inserção de uma pesquisa nesse ramo do conhecimento. Uma análise de fenômenos localizados *na* história, ou em um tempo passado, pode resultar em uma reflexão mais antropológica que histórica ou historiográfica, a depender das questões que levanta, do debate que efetua, do campo de conhecimento em que se insere.

Por fim: a antropologia da criança não se limita ao estudo das crianças "de lá", de outras culturas e sociedades. Como no que diz respeito a diversos outros temas, os antropólogos têm realizado pesquisas sobre fenômenos e temas próximos de seu próprio meio social, e com sucesso. Eles têm, porém, de lidar com uma dificuldade que aqueles que viajam para terras distantes e culturas a eles estranhas não enfrentam. Na realidade, é como se as dificuldades fossem simetricamente opostas: se ao se transportar a outros mundos e culturas o antropólogo tem que reaprender tudo, do modo de se sentar à mesa ao valor definidor da humanidade, aquele que pesquisa em suas vizinhanças tem de evitar a ilusão do conhecimento prévio, do pré-conhecido. Para um, tudo é estranho e deve ser aprendido e apreendido de modo amplo para começar a fazer sentido; para outro, tudo parece normal e conhecido, e ele deve ser capaz de rever e re-aprender o que lhe parece tão natural.

Ambas as situações apareceram diversas vezes neste livro, tendo sido pontuadas mais ou menos diretamente. Como vimos, para responder a uma questão aparentemente simples, como o que é ser criança para os Xikrin, tivemos que lançar mão de elementos que não saberíamos relevantes de antemão, como a pintura corporal e sua expressão do encerramento do período de vida que pudemos reconhecer como relativo à criança. Mas já se sugeriu também que só podemos entender os códigos legais relativos à infância se nos referirmos à concepção de infância que a baseia. É essa concepção, decorrente do advento do "sentimento da infância", que leva à idéia difundida nas leis e no senso comum de que cabe à criança brincar e se divertir, em oposição direta ao trabalho. Obviamente, não se trata de afirmar que as crianças devem ser inseridas no mercado de trabalho desde cedo, ou desconhecer a importância das conquistas legais relativas a elas. Cabe apenas, como uma provocação, mostrar que algo já naturalizado, ou seja, tomado sem maiores reflexões como um dado da natureza — essa idéia de que cabe à criança brincar, se divertir e aprender — é na realidade construído social e historicamente, e assim deve ser tomado pelo pesquisador.

Como já se disse, deve-se sempre começar do começo, por mais óbvio que pareça o que se observa — ou talvez possa se dizer que, quanto mais óbvio parecer o que se vê e ouve, mais se deve desconfiar e buscar desatar as tramas. Porque não há imagem produzida sobre a criança e a infância, ou pela criança, que não seja, de algum modo, produto de um contexto sociocultural e histórico específico, do qual o antropólogo deve dar conta.

Referências e fontes

• Os textos clássicos de Margaret Mead têm diversas edições em inglês. Alguns livros foram traduzidos para o espanhol, com algumas modificações no título, como *Adolescencia y cultura en Samoa* e *Educacion y cultura en Nova Guinea.*

• O estudo de Barbara Ward sobre o choro e as práticas socializadoras em Hong Kong está publicado em uma importante coletânea que reúne as pesquisas britânicas sobre o tema, intitulada *Socialization: the Approach from Social Anthropology*, organizada por Phillip Mayer em 1973 (Londres: Tavistock Publications).

• Os textos antropológicos de autores brasileiros pioneiros são muito instigantes, e valerão sempre a leitura. De Egon Schaden, há o artigo "Educação indígena", publicado na revista *Problemas Brasileiros* (ano XIV, n. 152, pp.23-32) de 1976. De Florestan Fernandes, "Aspectos da educação na sociedade Tupinambá", publicado em uma coletânea organizada por Schaden no mesmo ano, *Leituras de etnologia brasileira* (São Paulo: Companhia Editora Nacional, pp.63-86).

• Os exemplos que trago sobre os Xikrin provêm de minha pesquisa entre eles, realizada desde 1993, e abordam temas que discuto em textos e artigos, como por exemplo "Crescendo como um Xikrin. Uma análise da infância e do desenvolvimento infantil entre os Kayapó-Xikrin do Bacajá", publicado em 2000 pela *Revista de Antropologia* (v. 43, nº2, pp.195-222).

• Mead afirma a possibilidade de se comparar as crianças e a simultânea necessidade de estudá-las em seus contextos socioculturais específicos em um interessante livro que organiza em 1955 com Martha Wolfenstein, intitulado *Childhood in Contemporary Cultures* (University of Chicago Press).

• A pesquisa de Maria Filomena Gregori está publicada em *Viração: experiências de meninos de rua* (São Paulo: Companhia das Letras, 2000).

• A obra de Christine Toren é ampla. Recomendamos, para uma introdução, o artigo "Making History: the Significance of Childhood Cognition for a Comparative Anthropology of Mind" (in: *Man* 28, pp.461-78, 1993).

• O livro de Richard Price, intitulado *First Time*, traz os relatos sobre esse tempo primordial, além de uma introdução do autor sobre sua importância na constituição de uma identidade social e sobre a transmissão desse conhecimento.

• Joanna Overing demonstra a relação entre o autocontrole e a aquisição de "contas de conhecimento" em diversos textos; veja-se por exemplo "Estruturas elementares da reciprocidade", que teve uma tradução recentemente publicada pela revista *Cadernos de Campo* (vol.10).

• Há uma coletânea publicada em *Cadernos Cedes* (vol.18, nº43, Campinas, dez 1997) que discute, do ponto de vista da antropologia, as ligações possíveis em teoria e pesquisa entre a antropologia e a educação.

• O Núcleo de Estudos e Pesquisas de Educação de 0 a 6 anos, da Universidade Federal de Santa Catarina, tem realizado pesquisas e debates que reúnem as reflexões e metodologias de pesquisa das ciências da educação e antropologia, disponibilizando textos em seu site: http://ced.ufsc.br/%7Enee0a6/

• O texto de Eunice Nakamura, publicado na compilação médica sobre depressão infantil *Tratado de psiquiatria da infância e da adolescência* (São Paulo: Atheneu, 2003), organizada por F.B. Assumpção Jr. e E. Kuczynski, oferece uma boa discussão sobre a interdisciplinaridade da antropologia com as ciências da saúde.

Leituras recomendadas

ARIÈS, Philippe. *A criança e a vida familiar no Antigo Regime.* (Lisboa: Relógio D'Água, 1988.)

Esse livro inaugura um campo de pesquisa e reflexão, o da história da infância, e deve ser conhecido por todo estudioso que trabalha com crianças. Para o que trabalha com aquelas próximas de seu meio social, é valioso para lembrar que a infância não é natural e universal, mas uma construção histórica, aberta a mudanças e a variações que devem ser abordadas. Para aquele que trabalha com crianças de outros contextos socioculturais, não será menos instigante e inspirador, e poderá lançar luzes à compreensão da concepção do que vem a ser criança no caso específico com que trabalha.

FREITAS, Marcos Cezar de (org.). *História social da infância no Brasil.* (São Paulo: Cortez, 1997.)

DEL PRIORE, Mary (org.). *História das crianças no Brasil.* (São Paulo: Contexto, 1999.)

FREITAS, Marcos Cezar de e Moisés Kuhlmann Jr. (orgs.). *Os intelectuais na história da infância.* (São Paulo: Cortez, 2002.)

Esses três livros trazem estudos da história da infância e das crianças no Brasil, compondo um conjunto amplo que trata de concepções e experiências. Não sendo antropologia no sentido estrito do termo, serão especialmente úteis para os pesquisadores que trabalham em realidades sociais diretamente oriundas dessa história, seja em áreas rurais ou urbanas do país, permitindo-lhes contextualizar seus casos específicos e marcar com maior precisão sua particularidade histórica e social.

LOPES DA SILVA, Aracy; MACEDO, Ana Vera da Silva Lopes & NUNES, Ângela (orgs.). *Crianças indígenas. Ensaios antropológicos.* (São Paulo: Global/Mari/Fapesp, 2002.)

Livro pioneiro da área no Brasil, reúne resultados de pesquisas com diversas etnias indígenas brasileiras, abrangendo temas diversos; traz ainda ensaios sobre a produção bibliográfica relativa ao tema. É leitura importante especialmente para aqueles que realizam pesquisas nas quais têm que lidar com concepções e vivências das crianças em outros contextos socioculturais.

NUNES, Ângela. *A sociedade das crianças A'uwẽ-Xavante. Por uma antropologia da criança.* (Lisboa: Instituto de Inovação Educacional, 1999, Temas de Investigação 8.)

Resultado de pesquisa de mestrado realizada no Departamento de Antropologia da Universidade de São Paulo, esse livro traz, além de uma revisão bibliográfica, uma análise das crianças xavante (grupo indígena de língua jê, do Mato Grosso) em seu cotidiano, com atenção especial às suas brincadeiras.

GREGORI, Maria Filomena. *Viração. Experiências de meninos de rua.* (São Paulo: Companhia das Letras, 2000.)

Esse livro é a publicação da tese de doutorado da autora, e traz um estudo amplo e abrangente dos meninos de rua de São Paulo, a partir de uma etnografia. Aborda sua circulação por vários espaços, acompanhando-os nas ruas, nas instituições, e discutindo suas relações com a família, outra vertente desse ir-e-vir. Aborda, ainda, a identidade que esses meninos criam para si, em diálogo direto com a imagem criada sobre eles. É de grande interesse para aqueles que buscam um estudo aprofundado e crítico sobre uma experiência de infância a respeito da qual muito se fala e que nem sempre se conhece.

ALVIM, Maria Rosilene Barbosa e Lúcia do Prado Valladares. "Infância e sociedade no Brasil: uma análise da literatura". (in: *BIB — Boletim Informativo e Bibliográfico de Ciências Sociais* nº26, 1988.)

Levantamento pioneiro da produção científica que tem como tema a infância no Brasil até a década de 1980. Esse artigo contextualiza o debate nas ciências sociais, e apresenta como os temas foram se configurando, com especial ênfase na infância pobre.

RIZZINI, Irene. *A criança e a lei no Brasil — revisitando a história (1822-2000).* (Brasília-Rio de Janeiro: Unicef-Edusu, 2002.)

Esse trabalho comenta e analisa os principais momentos da assistência jurídica à criança no Brasil, permitindo que se entenda o tratamento do direito e o estatuto legal da infância na história do país desde o Império, bem como seus pressupostos e motivações.

Sobre a autora

Clarice Cohn nasceu e se criou em São Paulo. Durante a graduação em ciências sociais na Universidade de São Paulo, fez, em 1993, sua primeira visita aos Mebengokré-Xikrin do rio Bacajá, no Pará. Desde então, vai sempre que pode, realizando com eles suas pesquisas de mestrado e doutorado, no Departamento de Antropologia daquela Universidade (para o que bolsas e auxílios à pesquisa da Fapesp e do CNPq foram de grande ajuda).

Trabalha com a antropologia da criança desde essa primeira experiência, e fez dela o tema de seu mestrado (*A criança indígena. A concepção de infância e aprendizado entre os Kayapó-Xikrin do Bacajá*, defendido em 2000). Participou da equipe de pesquisa "Antropologia, História e Educação" do Mari — Grupo de Educação Indígena da Universidade de São Paulo, financiada pela Fapesp, de 1995 a 2000.

Atualmente, dedica-se aos temas da antropologia da criança (especialmente no debate de Etnologia Indígena) e educação escolar indígena, tendo diversos artigos publicados a respeito. É professora de antropologia na Universidade Federal de São Carlos.

E-mail para contato: clacohn@ufscar.br

www.ced.ufsc.br/~nee0a6/clarice.html (Dissertação de mestrado)

www.ufscar.br/ppgas/

Coleção **PASSO-A-PASSO**

Volumes recentes:

Ciências Sociais Passo-a-Passo

O negócio do social [40], Joana Angélica Barbosa Garcia

Origens da linguagem [41], Bruna Franchetto e Yonne Leite

Antropologia da criança [57], Clarice Cohn

Patrimônio histórico e cultural [66], Pedro Paulo Funari e Sandra de Cássia Araújo Pelegrini

Antropologia e imagem [68], Andréa Barbosa e Edgar T. da Cunha

Antropologia da política [79], Karina Kuschnir

Sociabilidade urbana [80], Heitor Frúgoli Jr.

Pesquisando em arquivos [82], Celso Castro

Cinema, televisão e história [86], Mônica Almeida Kornis

Filosofia Passo-a-Passo

Estética [63], Kathrin H. Rosenfield

Filosofia da natureza [67], Márcia Gonçalves

Hume [69], Leonardo S. Porto

Hannah Arendt [73], Adriano Correia

Schelling [74], Leonardo Alves Vieira

Niilismo [77], Rossano Pecoraro

Kierkegaard [78], Jorge Miranda de Almeida e Alvaro L.M. Valls

Filosofia da biologia [81], Karla Chediak

Ontologia [83], Susana de Castro

John Stuart Mill & a liberdade [84], Mauro Cardoso Simões

Filosofia da história [88], Rossano Pecoraro

Teoria do conhecimento [91], Alberto Oliva

Psicanálise Passo-a-Passo

Psicanálise com crianças [75], Teresinha Costa

Feminino/masculino [76], Maria Cristina Poli

Cinema, imagem e psicanálise [85], Tania Rivera

Trauma [87], Ana Maria Rudge

Édipo [89], Teresinha Costa

A psicose [90], Andréa M.C. Guerra

A angústia [92], Sonia Leite

Educação e psicanálise [93], Rinaldo Voltolini

Os outros em Lacan [94], Antonio Quinet

A paixão [95], Marcus André Vieira

Histeria: o caso Dora [96], Nadiá Paulo Ferreira e Marcus Alexandre Motta